Hans J. Rokohl

Australien muss es sein

Noch einmal groß verreisen, aber gleich nach
Down Under?

Inhaltverzeichnis

Vorwort

Noch eine Schiffsreise, und sie muss etwas Besonderes sein, Orte und Länder, die man nur einmal im Leben besucht. Wir waren bereits am Zuckerhut, am Ende der Welt in Feuerland und überall in Nordamerika. Ganz zu schweigen von unseren zahlreichen Kreuzfahrten in Europa. Diesmal sollte es weiter östlich sein, denn wir waren schon bis Singapur unterwegs. Wir wollten nach Japan, aber die Pandemie hat uns einen Strich durch die Rechnung gemacht. Immerhin haben wir uns Vietnam angeschaut. Singapur hat uns gut gefallen, das war ein schöner Ausgangspunkt. Welche Kreuzfahrten gehen also von hier aus? Eine ist uns ins Auge gefallen: die nach Sydney. Australien, das wäre doch was!

Allerdings wird diese Kreuzfahrt von der uns bevorzugten Reederei nur einmal im Jahr angeboten und die Kabinen sind schnell weg. Also buchten wir lange im Voraus die MS Celebrity Solstice, ein mittelgroßes Megaschiff der gehobenen Klasse. Die Route sollte über Bali entlang der Ostküste Australiens nach Sydney führen, ca. 3.000 Seemeilen in 13 Tagen. Von Sydney aus nach Hause zu fliegen, kam nicht infrage. Wir wollten die Harbour Bridge und das berühmte Opernhaus sehen. Auch von einem Ausflug in die Blue Mountains hatten wir schon Gutes gehört. Eine weitere Idee war es, mit dem Indian-Pacific-Zug quer durch Australien zu fahren, doch das scheiterte an unseren finanziellen Möglichkeiten. Machbar war jedoch die Zugfahrt von Adelaide nach Melbourne mit dem Overland. Ein paar Tage in Melbourne wären auch nicht schlecht. Irgendwann müssen wir ja wieder nach Hause, also quer durch den australischen Kontinent zurück nach Singapur, und mit einem Tag Zwischenstopp weiter nach Frankfurt. Eine solche Reise wird natürlich von keinem Reiseveranstalter angeboten. Deshalb haben wir alles selbst im Internet gebucht: die Flüge, die Kreuzfahrt, die Zugfahrt, die Hotels und die Ausflüge. Schließlich traten wir die Reise an und fragten uns: Ist dies die letzte dieser Art?

Mir kommt das Lied „Waltzing Matilda", die zweite Nationalhymne Australiens, in den Sinn. Hier ist der Anfang.

Einst zeltete ein lustiger Vagabund an einem Wasserloch,

im Schatten eines kühlen Eukalyptusbaums.

Er sang und wartete, bis sein Billy kochte.

Du wirst mit mir auf die Walz gehen, Matilda.

Auf die Walz gehen, Matilda, auf die Walz gehen, Matilda,

Du wirst mit mir auf die Walz gehen, Matilda.

Und er sang, während er zusah und wartete, bis sein Billy kochte.

Du wirst mit mir auf die Walz gehen, Matilda.

Ja, gehen wir auf Reisen mit Sack und Pack nach Australien und walzen durch den Kontinent. Den gesamten Liedtext habe ich übersetzt und in den Anhang gestellt.

Prolog

Wir – das sind meine Frau Eleonore und ich – wohnen in einem kleinen Städtchen am Rhein namens „Die Bunte Stadt", das im unteren Rheintal liegt. Das obere Rheintal ist Weltkulturerbe und wird mit dem Loreleyfelsen in Verbindung gebracht. Es wird auch besungen, aber ich finde die Aussicht vom Drachenfels bei uns viel schöner. Bevor ich weiter von unserem Wohnort schwärme, muss ich darauf hinweisen, dass es schwierig ist, am Bahnhof einen Parkplatz zu finden. Je nach Tageszeit und Wochentag findet man dort keinen. Warum wir deshalb nie ein Taxi genommen haben, weiß ich auch nicht.

Auch für diese Reise haben wir das Auto benutzt, unsere Koffer eingeladen und sind von der Linzer Höhe zum Bahnhof Linz (Rhein) gefahren. Es war Nachmittag und die Chance, das Auto vor dem Bahnhof zu parken, war groß. Das Glück war uns hold, aber es sollte nicht so bleiben.

Wir mussten zum Flughafen Frankfurt, der eigentlich mit dem Zug gut zu erreichen ist. Mit dem Deutschlandticket meiner Frau darf sie nur den Regionalverkehr benutzen; ich musste eine Fahrkarte kaufen. Mit dem ICE ab Koblenz wären wir schneller und billiger am Ziel gewesen. Ein Kuriosum der Deutschen Bahn. Den RE 2 ab Koblenz hätten wir bekommen, wenn nicht ein Güterzug Vorfahrt gehabt hätte. Die 2 Minuten zum Umsteigen reichten nicht aus; vom Zug sahen wir nur noch die Rücklichter. Wir mussten von Gleis 1 wieder runter zur Info, um eine Alternative zu erfragen, und wieder rauf auf Gleis 4.

Die Alternative kam mit Verspätung, sodass wir in Ingelheim wieder umsteigen mussten. Nach gut dreieinhalb Stunden waren wir endlich am Ziel. Gut, dass wir genügend Zeit eingeplant hatten – bei der DB ein Muss. Und die Freude auf eine ordentliche Toilette war groß.

Dann hieß es, die Koffer aufzugeben. Den Flug nach Singapur hatten wir bereits eingecheckt. Nur wohin damit? Nach der nervenaufreibenden Fahrt mit der Deutschen Bahn durften wir uns über etwas Erfreulicheres freuen. Als wir die Eingangshalle betraten, trafen wir auf eine Flughafen-

Lotsin in ihrer unverkennbaren Uniform. „Singapore Airlines ist im Terminal C, Schalter soundso, gleich rechts um die Ecke und über den Aufgang B zum Gate 48." Was für eine Auskunft! Wir waren recht früh mit unseren Koffern am Schalter. Meine Frau wurde als Erste abgefertigt, denn sie flog Premium Economy, ich nur Economy-Class. Die bereits ausgefüllte Arrival-Card für Singapur wollte niemand sehen, dafür erhielten wir den Aufgabeschein und die Boardingkarte. Letztere hatte ich schon vorher ausgedruckt – na ja, doppelt hält besser.

Nun gingen wir guten Mutes zur Sicherheitskontrolle, wo entgegen meiner Erfahrung wenig los war. Handgepäck und Tascheninhalt wurden gescannt, und ein Drogentest rundete die Flugsicherheit ab. Es ist schon erstaunlich, dass unsere Medikamente nicht angeschlagen haben. Gibt es wohl Drogenjunkies in unserem Alter?

Dann ging es kilometerweit zu den Gates der Überseeflüge. Dort hielten wir uns zwei Stunden bis zum Boarding auf. Mit Blick auf die spätere Verpflegung ließ ich mir eine Thüringer Rostbratwurst schmecken. Spät am Abend war es schließlich soweit: Ich durfte mit meiner Frau im Premiumbereich einsteigen. Aber es machte keinen Unterschied, denn die Maschine war längst nicht ausgebucht. Oder lag es an der Größe des Airbus A380-800 mit dem Aufgang für die First-Class, dem vorderen Bereich für die Business Class und dahinter den Sitzen der Premium Economy-Class, in der meine Frau Platz nahm? Ich saß zwei Abteile weiter in der Economy-Class, auch „Holzklasse" genannt. Immerhin war es nicht weit zu den Toiletten und die Sitze um mich herum waren leer. Nur in der gleichen Reihe hatten junge Eltern mit ihrem Baby Platz genommen. Der Stolz auf ihren Nachwuchs war ihnen anzusehen.

Flug und Ankunft

Kaum hatte ich mich angeschnallt, rollte das Flugzeug auch schon los. Die Stewardess hatte ihren Platz mir gegenüber eingenommen und ich konnte sie zwischen den Sitzen beobachten. Sie trug ein fernöstliches Kostüm, das aus einem knöchellangen Rock und einem Oberteil mit rundem Halsausschnitt und Schößchen bestand. Beide Kleidungsstücke hatten ein asiatisches Muster. Ich las später nach, dass dieses Kleidungsstück Sarong Kebaya heißt – ein traditionelles Nyonya-Blusenkleid mit elegantem Batikmuster. Die Flugbegleiterin hatte schwarzes Haar und Mandelaugen. Sie und ihre Kolleginnen trugen die Kleidung sehr körpernah, wodurch ihre weiblichen Formen betont wurden. Ihre männlichen Kollegen unterschieden sich in ihren Anzügen nicht von denen anderer Fluggesellschaften.

Den 12-stündigen Direktflug verbrachte ich meist liegend auf den drei Sitzen meiner Reihe, dösend oder schlafend, nur unterbrochen von den Anschnallzeiten bei Turbulenzen sowie beim Abendessen und Frühstück. Störend war allerdings das ständige Protestgeschrei der Kleinkinder ein paar Reihen hinter mir, die sich über das Anschnallen oder den Schlafentzug beschwerten. Ich konnte mir die Gesichter der entnervten Eltern vorstellen. Immer noch besser, dachte ich, als nachts in den Vereinigten Arabischen Emiraten zwischenzulanden und umzusteigen. Ich spreche da aus Erfahrung.

Nach einer Runde mehr als geplant setzte der große Airbus auf und wir waren auf dem Changi International Airport in Singapur gelandet. Jetzt mussten wir nur noch durch den Einreiseschalter, unsere Koffer schnappen und ins Hotel fahren. Doch so einfach war es nicht: Bis zur Immigration waren es ein paar hundert Meter und dort war alles automatisiert. Der Automat kontrollierte den Pass mit dem Daumenabdruck, und der Code der Arrival-Card musste gescannt werden. Erst dann kam man durch. Zum Glück hatten wir die Arrival-Card elektronisch ausgefüllt. Andere standen vor den dafür vorgesehenen Geräten und schauten hilflos um sich. Zum Glück gab es Helfer. Unsere Koffer bekamen wir als die letzten.

Der Taxistand war gut organisiert: Ein Einweiser winkte nacheinander die Taxis heran und die ersten Fahrgäste stiegen ein. Dann waren wir an der Reihe. Ich suchte die Adresse des Hotels heraus und zeigte sie dem Taxifahrer, der wusste sofort Bescheid. Er war sehr gesprächig. Er erzählte uns von seinem Leben in Singapur. Er wohnt mit seiner Familie in einer 75 Quadratmeter großen Wohnung in einem der vielen Hochhäuser der Stadt. Ich habe die Stockwerke nicht gezählt, aber es waren bestimmt mehr als 20. Auch beim Autofahren hat der Stadtstaat seine Hand im Spiel: Wer ein Auto besitzen möchte, muss eine hohe Gebühr bezahlen, die meist höher ist als der Preis des Autos.

Das Gespräch zog sich in die Länge, denn das Taxi musste durch den Feierabendstau fahren. Dafür waren wir dann mitten im Geschehen: Das Hotel lag an der Ecke einer Hauptverkehrsstraße. Das Zimmer war als „superior" klassifiziert, wenn es mehr als 8 m² groß ist und ein Fenster hat. Super war auch die Klimaanlage – schließlich gehörte das Hotel zu einer bekannten Kette. Nur das Bad war sparsam eingerichtet und die Toilette stand direkt neben der Dusche.

Es war schon dunkel, als wir noch einmal losgingen. Der Verkehr hatte nachgelassen, aber die Touristenmassen nahmen zu. Alle wollten in die klimatisierte Shopping Mall „The Central" mit integrierter Metrostation oder gleich zum „Clarke Quay" am „Singapore River", dem ehemaligen kolonialen Umschlagplatz, der mit Bootsanlegern, Restaurants und Cafés eine schöne Erweiterung erfahren hat. Alles ist abends beleuchtet. Schon von weitem sahen wir das Fahrgeschäft, das aus drei 30 Meter hohen Stützen bestand, die in der Mitte eine sich an Seilen überschlagende Gondel hielten. Es heißt Vio-Jump und kam für

uns auf keinen Fall in Frage, die 65 Singapur-Dollar wären rausgeschmissenes Geld gewesen.

Nun suchten wir ein passables Restaurant. Es gab unzählige, die sich in Ausstattung und Preis unterschieden. Fast alle boten chinesisches oder zumindest asiatisches Essen an und waren gut besucht. Als wir schon fast auf dem Heimweg waren, entdeckten wir ein Straßenrestaurant, das voll besetzt und auf Take-away ausgerichtet war. Neben der Küche gab es noch einen Platz mit einem Tisch und zwei Hockern. Man bestellte Essen und Getränke über eine App, die man mithilfe eines QR-Codes installieren musste. Für uns stand ausnahmsweise eine Kellnerin zur Verfügung. Bei ihr bestellten wir allerlei chinesische Gerichte sowie Eistee und Limo, da das Lokal keine Bierlizenz hatte. Das Essen war mittelmäßig, was auch am Preis lag. Kurioserweise wurde bereits während des Essens bezahlt. Der junge Kassierer zeigte keine Gnade, aber glücklicherweise funktionierte die Kreditkarte meiner Frau.

Anschließend gingen wir zurück zum Hotel, denn wir waren ziemlich müde vom Flug – immerhin sieben Stunden Zeitunterschied. Im Hotel konnte man keine Getränke kaufen, aber gleich nebenan gab es einen Kiosk, der so ziemlich alle Getränke zu horrenden Preisen verkaufte – nur Wasser war billig. Wer deutsches Hefeweizenbier wollte, musste so viel bezahlen wie bei Lidl für einen Sechserpack der gleichen Sorte. So ging unser erster, eigentlich zweiter Reisetag zu Ende.

***

Einschiffungstag

An diesem Tag ging es mit der Kreuzfahrt los, aber bis zum Nachmittag hatten wir noch Zeit, und die zu verbringen stellten wir uns so vor: Erst einmal Frühstücken, dann hatten wir uns vorgenommen, eine Bootstour auf den Singapur-River zu machen und noch ein bisschen Bummeln gehen. Zum Frühstück überquerten wir die vielbefahrende Bridge Road per Rolltreppenübergang, das Ampelwarten entfiel. Starbucks ließen wir links liegen und begnügten uns mit einem Komplet- frühstückt, dort wo die Eiheimischen saßen. Dann ging es zur Schiffsanlegestelle, um festzustellen, wie wenig spektakulär der Fluss gegenüber abends am Tage aussieht. Die Tickets für die Bootsfahrt bekamen wir eine Viertelstunde später, nebst zwei Flaschen Wasser, den es wurde heiß.

Die 40-minütige Schiffstour auf den Singapur River ging vom Clarke Quay los, früher mal Handelsplatz und Hafen, heute eine beliebtes Ausgehviertel. Die Boote sind dem historischen Vorbild nachgebaut. Es geht den Sibgapure River hinunter durch eine Mischung von alten und modernen Bauten. Die hohen Kaimauern verführen zum Sprung in den Fluss, heute nachgestellt durch Bronzefiguren. Schließlich gelang das Boot in die Marina Bay, schon von weitem sieht das Marina Sands Hotel mit dem charakteristischen Schiffrumpf auf dem Dach. Das Boot dreht eine Runde in der Bay und kommt am Merlion, dem Wahrzeichen Singapurs vorbei, Wasser speiend, wie man es gewohnt ist. Der Merloin ist ein Fabelwesen, es hat einen Fischkörper und einen Löwenkopf, sein Name kommt von Mermaid und Lion her.

Damit war der Höhepunkt der Schiffstour erreicht, eine knappe halbe Stunde später waren wir wieder an Land, und wir überlegten, was wir noch weitertun könnten. Abgelenkt hat uns eine Hunde-Erfrischungs-Station, bestehet aus einem Hinweisschild, einer automatischen Tränke und einen Kotbeutelspender. Großartig!

Eigentlich wollten wir durch den Park um uns einige Sehenswürdigkeiten anzusehen, z, B., es war einfach zu heiß, strahlender Sonnenschein wie er nur am Äquator sein kann. Da bot die große Mall The City einige Abkühlung, zum Schoppen hatten wir keine Lust mehr, also machten wir uns auf zum Hotel, um unsere Koffer abzuholen. Für das Taxi zum Schiff war es erforderlich, das richtige Terminal zu nennen, denn es gab derer zwei in Singapur. Wären wir zum falschen gefahren, dann wären wir auf AIDA & Co. gestoßen, die nicht unsere bevorzugte Cruise Line ist. Kennen wir aus einen vorherigen Aufenthalt in Singapur.

***

Embarkation

Zum Marina Bay Cruise Center war es nur eine kurze Taxifahrt für wenige S$. Wir hätten auch die Metro nehmen können, vom Hotel aus sind es nur drei Stationen, aber mit Koffern ist es ein ganzes Stück zu laufen. Vielleicht nutzen wir sie auf der Rückreise. Aus Erfahrung wissen wir, dass man dafür eine aufladbare Chipkarte braucht, die man vor Fahrtantritt und danach auf das Schrankendisplay legen muss. Bei zu wenig Guthaben kommt man nicht durch. Eine helfende Hand ist Gold wert.

Wir waren vor der verabredeten Zeit am Terminal, checkten unsere Koffer ein, indem der vorher sorgsam gefaltete Abschnitt mit der Kabinennummer als Schlaufe angetackert wurde. Damit verbanden wir die Hoffnung, unsere Gepäckstücke alsbald vor der Kabinentür wiederzufinden, denn bei früheren Kreuzfahrten hatten wir schon stundenlang auf unsere Koffer warten müssen.

In der Eingangshalle war viel los. Die Menschen standen in Reihen, jeweils nach ihrer Ankunftszeit sortiert. Wir stellten uns kurzerhand an die späteste an. Unsere Check-in-App wurde zusammen mit unseren Pässen kontrolliert. Ein verstohlener Blick auf die Pässe ringsum verriet uns, dass die meisten Passagiere Australier waren. Die anderen taten es uns gleich, und da wir EU-Pässe hatten, kamen wir mit den anderen Passagieren ins Gespräch, was das Warten an der Kontrolle für das Handgepäck verkürzte. Mein Handy in der Gesäßtasche fand kein Durchkommen, weshalb man mich extra durchsuchte. Als Nächstes waren wir bei der Immigration dran. Ein Schild wies darauf hin, welche

Dokumente wir vorzuzeigen hatten: die Check-in-App mit dem Seapass, den Reisepass, das E-Visum für Australien und das Besuchsvisum für Indonesien. Letzteres war für die meisten Kreuzfahrer neu und auch nicht kommuniziert worden. Doch die Reederei hatte vorgesorgt: An 35 Schaltern konnte man ein Visum für 35 SP$ bekommen. Damit ging es endlich zur Ausreise. Wir legten unsere Pässe auf und die automatische Sperre ließ uns durch.

An der Gangway zum Schiff gaben wir unsere Pässe gegen Quittung ab. Nun stand noch die Personenkontrolle auf dem Schiff an, die eigentlich per QR-Code auf dem Handy funktionieren sollte. Da mein Handy jedoch seinen Dienst versagte, kramte ich die Papierversion meines Sea-Passes hervor und wir konnten an Bord gehen. Jetzt mussten wir nur noch unsere Kabine finden und uns vom Stress erholen. In Kabine #6165 war es dann soweit: Die Sea-Pässe lagen bereit und auch das Öffnen der Tür klappte.

Fast alles war in Ordnung, nur im Bad fehlte das Toilettenpapier. Wir reklamierten dies und erhielten das wichtige Utensil in kurzer Zeit von einer netten jungen Frau, die für den Roomservice zuständig war. Ein erstes Trinkgeld war ihr sicher. Die Kabine war groß, hatte einen Balkon und lag auf Deck 6, gleich über den Rettungsbooten. Die Betten standen quer und der Stauraum war knapp bemessen, was besonders Eleonore missfiel. Wohin mit den vielen Sachen? Das Bad war größer als das in manchen späteren Hotelzimmern mit 5-Sterne-Ausstattung. Wir waren begeistert, auch davon, dass unsere Koffer schon angeliefert waren. Großartig! Die eingeschränkte Sicht störte uns nicht, im Gegenteil, an den Rettungsbooten fanden spätere Arbeiten statt, denen wir mit Interesse zuschauten. Das bot Abwechslung vom immer gleichen Blick auf Welle und Meer.

Das Abendessen, sprich Dinner, nahmen wir um 18:00 Uhr im Hauptrestaurant in einem Seitenabteil der zweistöckigen, palastartigen Halle ein. Für Paare gab es 2er-Tische, die so gestellt waren, dass man mit den Nachbarn kommunizieren konnte. Unser Deutsch erregte

Aufmerksamkeit, denn wir waren von amerikanischen Mitessern umgeben.

Wir wurden zu unserem Tisch gebracht. Die Bedienung bestand aus ein oder zwei wundervoll netten schwarzen Menschen: Josef, der Kellner, stammte aus dem Kongo und seine Assistentin Pierina aus Ecuador, wo ich sie von der Ethnie her nicht vermutet hätte. Ich wechselte mit ihr ein paar Worte auf Spanisch. Das übliche Prozedere auf amerikanischen Schiffen ist folgendes: Der Stuhl wird herangerückt, die Serviette auf den Schoß gelegt und die Menükarte gereicht. Das Menü kannten wir von anderen Schiffen der Reederei, da es standardisiert ist. Bei den Vorspeisen dürfen Shrimps-Cocktail, Zwiebelsuppe und Cäsar-Salat nicht fehlen, beim Hauptgericht dominieren Steak-, Pasta- und Fischvarianten und der Nachtisch kommt nicht ohne Crème brûlée, Apfelkuchen oder New-York-Cheesecake aus. Wer etwas anderes möchte, kann das Büfett-Café oder das Zuzahlrestaurant besuchen.

Beinahe hätte ich die Getränke vergessen. Wie bei allen Mahlzeiten üblich, gibt es Eiswasser, das fleißig nachgefüllt wird. Für alle anderen Getränke muss man zahlen: Für Mineralwasser, Cola und Limo den üblichen Preis, für Bier wird es schon teurer und für Wein geht es nicht unter 15 $ pro Glas. Als Flasche ist er etwas günstiger. Bei früheren Fahrten war das anders: Da gab es für Loyality-Gäste die Getränke gratis. Jetzt müssen wir uns nach der Uhrzeit richten: Zwischen fünf und sieben Uhr abends wird für uns frei ausgeschenkt, die höherwertigen Sachen aber nicht. Ein Trost ist der jederzeit kostenlose Cappuccino. Den ungenießbaren normalen Kaffee zum Frühstück – früher zu schwach, jetzt zu stark – lassen wir deshalb stehen.

Die anschließende Willkommensshow haben wir uns nur halb angesehen: Der Elton-John-Interpret traf nicht unseren Geschmack, und wir waren von den Tageserlebnissen auch müde. Die für die Nacht vorbereitete Kabine lud zum Schlafen ein – wahrhaftig ein 5-Sterne-Vorteil. Auf dem Schiff von Royal Caribbean wird die Kabine nur einmal am Tag gemacht.

Die Tage an Bord

Nach der ersten Nacht legte das Schiff einen Seetag ein, denn bis zum nächsten Hafen, Benoa auf Bali, war es noch weit. Was macht man also an so einem Tag? Zum Pool gehen und auf der Sonnenliege faulenzen war zu heiß, besser war es, ein bisschen Zeit im Fitnessraum zu verbringen. Für diejenigen, die weder das eine noch das andere wollten, bot das Schiff Vorträge an, immer einen über den nächsten Anlaufhafen und einen über ein interessantes Thema. In der Ladenstraße gibt es außerdem viel Schönes zu kaufen: Elektronik, Souvenirs, aber vor allem Uhren und Schmuck. Verkaufsfördernd erwies sich die Idee eines Juweliers, der in jeder Kabine ein kleines Medaillon mit Glasdeckel hinterließ. Dieses konnte man öffnen und darin Edelsteine und andere Kleinigkeiten sammeln. Diese wurden dann Abend für Abend in seinem Geschäft verteilt. In seinem Laden gab es begehrenswerte Dinge, zum Beispiel ein Mini-Fabergé-Ei, das Eleonore entzückend fand. Als Anhänger getragen, machte es schon etwas her. Die schick gekleidete Verkäuferin, eine Argentinierin, erkannte das sofort und zeigte Eleonore noch ein paar andere aus der Auslage. Eleonore wäre dem fast erlegen, aber für den Gegenwert von zwei Kreuzfahrten stieg sie aus.

Schiffsalltag bis zum Mittagessen

Wenn kein Ausflugstag ist – und das ist auf dieser Kreuzfahrt mit einer Ausnahme jeder dritte Tag –, gibt es einen Vortrag über den nächsten Landgang mit allen wissenswerten Informationen über das Land und seine Leute, seine Geschichte sowie die dort lebenden Tiere und Pflanzen. Das dauert eine Dreiviertelstunde. Wer immer noch nicht genug hat, kann sich um 12 Uhr im Kinosaal des Schiffes einen weiteren Vortrag anhören, der stets zur Wissensbereicherung beiträgt. Wir lauschten den Ausführungen einer Astronomieprofessorin über die Bedeutung der Himmelskugel für die Ureinwohner Australiens. Diese entwickelten vor einigen zehntausend Jahren aus der Konstellation von Mond, Sonne, Venus und den Sternen der Milchstraße ihren Kalender. Bis zum Ende der Kreuzfahrt folgten noch weitere Vorträge, beispielsweise über Navigation oder die ersten Astronominnen („Ladies of the Night"). Nach so viel Bildung hatten wir richtig Hunger und gingen zu Tisch.

Mittagessen! Die Lunchtime geht von 12:00 bis 14:30 Uhr. Man kann im Restaurant mit Bedienung oder im Ocean Café in Buffetform essen. Auf früheren Kreuzfahrten haben wir im Restaurant gegessen. Dort wurde ein Mittagessen serviert, das gar nichts mit Lunch zu tun hatte. Meistens begaben wir uns zum Mittagsbuffet, und das taten wir auf dieser Kreuzfahrt auch. Getränke wie Eiswasser, Eistee, Orangen- und andere Säfte waren gratis, ebenso der ungenießbare Kaffee. Bier, Wein und Markengetränke wie Cola & Co. (10 $) mussten bezahlt werden. Alles war überteuert.

Am zentralen Buffet gab es eine große Auswahl an Ständen: für Vorspeisen, meist Salate zum Selbstzusammenstellen, für Suppen, für Hauptgerichte, für Vegetarier und Veganer, mit und ohne Gluten, Fleisch und Fisch. Es gab amerikanische, asiatische und auch deutsche Gerichte wie Rinderrouladen, Sauerkraut und Schweinebraten oder Hühnerfrikassee. Die größte Auswahl gab es bei den Nachspeisen: Kuchen und Torten jeder Sorte, Puddings, Gelees und Eis. Wir haben uns immer einen „Familienteller" mit verschiedenen Häppchen gemacht, um alles einmal zu probieren.

Nach dem vielen Essen war mein obligatorischer Mittagsschlaf dran. Manchmal kam ich erst später dazu, weil sich ein kleiner Plausch mit den Nachbarn entwickelt hatte. Die meist australischen Mitreisenden wurden durch unser deutsches Gespräch aufmerksam und fragten neugierig, woher wir kämen. Wir bestätigten ihre Vermutungen. Einige von ihnen waren schon einmal in Deutschland, zum Beispiel in Köln, München oder Berlin. Unsere Frage nach Deutschkenntnissen wurde mit einem Lächeln quittiert. Wozu?

Manchmal wurde aus dem Mittagsschlaf nur ein Nickerchen, das ich mir zum Schreiben verordnet hatte. Eleonore blieb nicht in der Kabine, sondern suchte sich ein ruhiges Plätzchen draußen. Auch ein bisschen Gymnastik war dabei. Auch mich trieb es hin und wieder nach draußen in den Schatten, weg von der Musik am Pool. Um halb fünf zogen wir uns für den Abend an, je nachdem, was empfohlen wurde. Chic, leger, Casual. Im Smoking oder Abendkleid, wie es früher üblich war, haben wir allerdings niemanden gesehen.

Von 17:00 bis 19:00 Uhr gab es für die Mitglieder des Captain's Clubs, zu denen auch wir gehörten, kostenlose Drinks an der Bar. Allerdings nicht die hochwertigen, die musste man bezahlen. Wir begnügten uns und schonten so unser Bordkonto. Auch hier kam man ins Gespräch. Kurz vor 18 Uhr mussten wir uns zum Abendessen im Hauptrestaurant einfinden.

DINING ATTIRE. Important Note: T-shirts, swimsuits, robes, bare feet, flip-flops, tank tops, baseball caps and pool wear are not allowed in all the restaurants at any time. Shorts are not allowed in the evening hours (except for the Oceanview Café).

***

Für unseren Bali-Ausflug am vierten Tag mussten wir ein E-Formular ausfüllen. Die indonesischen Behörden wollten einen einwandfreien Gesundheitszustand bescheinigt haben. Dazu war eine App herunterzuladen, in der die angegebenen Fragen zu beantworten waren. Neben den Personaldaten waren diese bei „No" anzukreuzen. Beim Eintragen einer zweiten Person und der Anzahl des unbegleiteten Gepäcks kam ich ins Straucheln. Ein Offizier wusste Bescheid und konnte mir weiterhelfen. Jetzt musste das Formular nur noch mit „Submit" hochgeladen werden und der QR-Code sollte vorsichtshalber für Eleonore und mich getrennt auf dem Handy gespeichert werden. Andere hatten anscheinend auch Auffüllschwierigkeiten, denn am nächsten Tag gab es eine Anleitung dafür. So stand unserem Ausflug auf Bali nichts mehr im Wege. Beruhigt gingen wir frühstücken. Dies beschreibe ich etwas ausführlicher.

Wenn man nicht im Restaurant frühstücken möchte, fährt man mit dem Fahrstuhl auf Deck 14, das sich ganz oben befindet. Dort befindet sich achtern das Ocean View Café, bei anderen Schiffen der Reederei ist das

das Windjammer Café. Wenn der Desinfektionsspender leer ist, steht dort ein fröhlicher Mensch und sprüht einem das Mittel auf die Hände.

Dann betritt man einen speisesaalähnlichen Raum, in dessen Zentrum diverse Buffets aufgebaut sind. Die Cafeteria dient auch als Kantine für das Mittagessen und man kann hier auch zu Abend essen.

Zur Frühstückszeit ist viel los. Am besten sichert man sich einen Platz, indem man ein Getränk oder eine Serviette plus Besteck hinstellt. Bei den Buffets herrscht Gedränge und man muss den Gästen mit den vollen Tellern und den Kellnern mit den abgeräumten Tellern ausweichen. Die Auswahl an Speisen ist unbeschreiblich. Besonders gefiel mir der „Egg-Haven", wo Eierspeisen nach jeder erdenklichen Art zubereitet werden.

Wenn man endlich mit seinen Sachen am Tisch sitzt, möglichst am Fenster mit Ocean View, kommt jemand und will das Fertige abräumen, was nicht so leicht ist, denn die amerikanischen Mitreisenden lassen immer die Hälfte auf dem Teller und holen sich etwas Neues. Schwupps, jetzt sind die Teller weg!

***

Feierliche Mysterien des alten Ordens der Tiefe

Zwischendurch war es uns entgangen, dass die Celebrity Solstice den Äquator überquerte. Entsprechende Feierlichkeiten zur Äquatortaufe standen an, und Neptun wollte um Erlaubnis gefragt werden. Dieses Spektakel kannten wir schon. Der oder die zu Taufende wird mit Fischöl oder Rasierschaum eingeseift, tuen Neptun Abbitte und werden dann gereinigt, indem man ihn oder sie in den Pool wirft. Meist ist der Kapitän dran, aber auch interessierte Passagiere können mitmachen. Irgendwie haben wir das verpasst, jedenfalls fanden wir Neptuns Zertifikat in unserer Kabine vor.

17

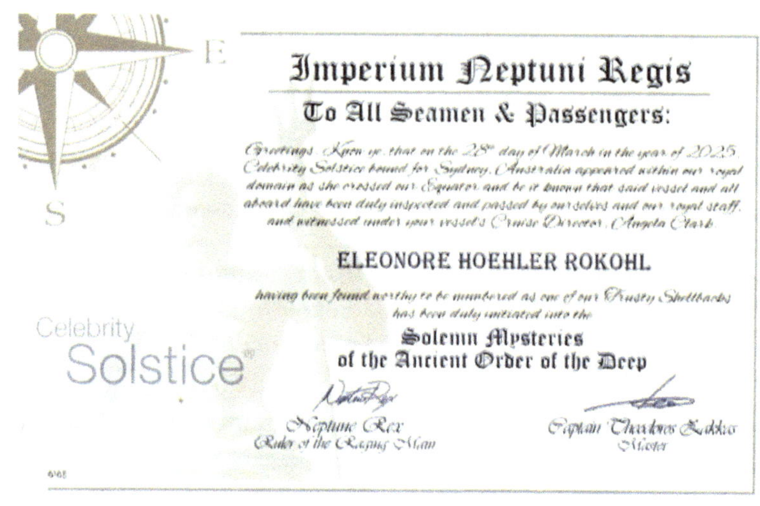

***

Zu den Tempeln und Göttern Balis

Nach zwei Seetagen legt das Schiff in Benoa auf Bali, Indonesien, an – das Land, das uns das ungeplante Besuchervisum bescherte. In den Reiseprospekten lasen wir viel über Bali und seine Exotik sowie die schönen Badestrände. Wir waren neugierig und hatten im Voraus einen Ausflug gebucht, der nicht zu lang war und etwas von der Kultur Balis zeigte: die Uluwatu-Tempel-Tour. Soweit wir wussten, sollten wir eine über 1.000 Jahre alte Tempelanlage an der bergigen Küste besichtigen.

Am späten Vormittag ging es los. Wir trafen uns im Theater, um in Gruppen eingeteilt zu werden. Wir waren Gruppe 17 und verließen das Schiff geschlossen. Den Einreisebeamten mussten wir das Visum vorzeigen, was mit einem müden Blick quittiert wurde. Dann steuerten wir den Bus mit der Nummer 17 an und wurden von einem Menschen in indonesischer Kleidung empfangen, der auf seine Busladung wartete. Er sah genauso aus wie die Javaanse Jongens auf einer Tabakpackung. Als alle im Bus waren, stellte er sich als Reiseleiter vor und sagte, dass wir eine Stunde Fahrzeit zur Tempelanlage brauchten. Diese würden wir besuchen und er wies darauf hin, dass wir auf die dort lebenden Makaken achten sollten, deren Hobby es ist, von den Besuchern habhafte Gegenstände zu stehlen, um sie gegen Leckereien einzutauschen.

Dort angekommen, wurden wir durch die Tempelanlage geführt. Ein Ranger passte auf, dass mit den Affen nichts passiert. Die Tempelanlage war wirklich einzigartig. Beinahe hätte ich vergessen, dass alle, die freie Knie hatten, diese mit einem dunkelblauen Sarong bedecken mussten. Diejenigen, die lange Hosen anhatten, bekamen einen roten Hüftschal. Schließlich betraten wir das größte hinduistische Heiligtum Balis. Wir durchwanderten die Tempelanlage, die mit götterähnlichen Denkmälern geschmückt ist. Die Affen lauerten, hielten sich aber zurück.

***

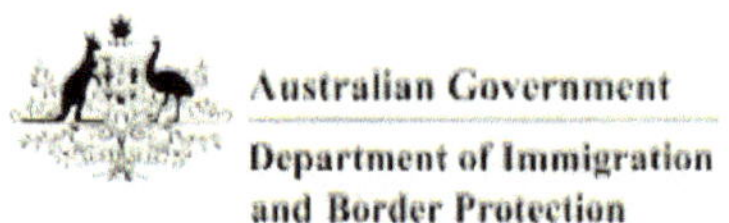

Stateroom # 6165

MANDATORY CUSTOMS AND IMMIGRATION INSPECTION

Dear Celebrity Solstice Guest,

In preparation for our arrival into Australia, all guests must go through a mandatory Immigration Inspection. To make this process more convenient for our guests and to avoid any delays on the morning of arrival in Darwin, Celebrity Cruises has arranged to fly out several Australian Border Force Officers, who are currently onboard to complete the Inspection.

Wir hatten uns zu den genannten Zeiten am Ort der Einreiseformalitäten einzufinden. Unsere Pässe wurden uns vorher ausgehändigt. Neben dem Pass waren die Sea Pass Card und die vollständig ausgefüllte, orangefarbene Incoming Passenger Card vorzulegen, die bei der Einreise in Sydney abzugeben ist. Zudem wurde auf die Zollbestimmungen hingewiesen. Wir überstanden die Prozedur ohne Probleme und widmeten uns dann dem weiteren Schiffsleben. Australien kann kommen. Zur Einstimmung fand eine große Poolparty statt.

In Australien angekommen

Das Schiff legte um 7 Uhr an und um 7.30 Uhr starteten die ersten Ausflüge. Wir hatten keinen gebucht, da diese in den Litchfield-Nationalpark führten und mit einer stundenlangen An- und Abreise verbunden gewesen wären. Wir frühstückten gemütlich und gingen dann von Bord. Es hatte vorher geregnet, die Temperatur lag schon über 30 Grad und es war schwül. Viele nahmen den Transferbus in die Innenstadt, einige gingen zu Fuß. Wir entschieden uns für den Hop-on-Hop-off-Bus, da einige Einkäufe anstanden und dieser die Möglichkeit bot, in die Innenstadt von Darwin zu fahren und zu shoppen. Danach dachten wir über eine Rundfahrt mit dem Bus nach, um alle Sehenswürdigkeiten vom Oberdeck aus zu sehen.

In der Fußgängerzone stiegen wir aus dem Bus aus und erledigten unsere Einkäufe. Eleonore kaufte einen schönen Perlenanhänger zu einem reduzierten Preis und ich kaufte Rasierschaum, da der mitgenommene aufgebraucht war. Dann machten wir noch ein paar Fotos von den Spuren, die der Zyklon Tracy 1974 hinterlassen hatte. Ich hätte auch gerne die Aborigines fotografiert, die im Memorial Park herumlungerten, aber ich traute mich nicht. Wir stiegen wieder ein und fuhren auf dem Oberdeck des Busses weiter. Gerne hätten wir noch das Kriegsmuseum und das Museum des Royal Flying Doctor Service besucht, aber die Hitze machte uns zu schaffen, sodass wir den kühlen Fahrtwind bevorzugten. Die Rundfahrt reichte uns für einen Überblick, und für das Mittagessen auf dem Schiff war es noch nicht zu

spät. Erst jetzt fiel uns auf, dass wir die Einreiseformalitäten zwei Tage zuvor auf dem Schiff erledigt hatten.

***

Auf dem Kreuzfahrtschiff

Nun sind wir schon seit neun Tagen mit dem Schiff unterwegs und wieder ist Seetag. Das Schiff ist noch 450 Seemeilen von Port Douglas entfernt, wo es morgen um 8 Uhr ankommen soll. Dort haben wir einen Ausflug in den Regenwald gebucht. Aus der

Beschreibung entnehmen wir, dass es anstrengend werden wird. Ausflügler mit Herz-, Atem- und orthopädischen Problemen sollten die Finger davon lassen. „Prüfen Sie Ihre persönliche Kondition", steht da. Wir lassen es darauf ankommen. Wir hoffen, dass wir der Ausflugankündigung glauben können.

Bis zum Vortrag über Port Douglas und Umgebung habe ich noch Zeit und stelle eine Betrachtung über das Schiff an. Es ist die Celebrity

Solstice, ein älteres Schiff, das 2005 in der Papenburger Werft bei Meyer gebaut und zehn Jahre später renoviert wurde. Eigentlich ist es ein Fünf-Sterne-Schiff der Luxusklasse, doch der Zahn der Zeit hat an ihm genagt, es muss dringend zur Revision. Noch zwei weitere Fahrten muss es durchhalten. Das 315 m lange Schiff hat 14 Decks, das 13. fehlt – alter Aberglaube der Seeleute. Sie sind wie die Bergleute, die auch keine 13. Sohle haben – eben abergläubisch.

Das Schiff ist nicht schön, weil es fast nur Balkonkabinen hat. Deck für Deck wirken sie wie Waben, man fühlt sich an eine Hochhaussiedlung erinnert. Doch dieser Trend setzt sich durch, alle Reedereien bauen viele Balkone ein, denn die Kundschaft möchte das so. Sie wollen auf ihren kleinen Balkon sitzen, wie wir frühmorgens mit einem Cappuccino, ungestört, doch man hört das Klappern nebenan und darüber.

Im Inneren teilt sich das Schiff wie folgt auf: Auf den Decks 3 bis 5 befinden sich die Rezeption, Cafés, Bars, Geschäfte, ein Kino und ein Casino. Vorn liegt das riesige Theater und achtern das Hauptrestaurant. Im Zentrum ist auf halber Höhe ein Baum gepflanzt, der sozusagen den Schiffsmittelpunkt darstellt. Ganz oben achtern befindet sich das Ozean-Café, der Frühstücksraum für alle. Vorn sind die Einrichtungen für Sportler und die Schönen. Dazwischen befinden sich obligatorisch der Außen- und der Innenpool. Natürlich ist es auf allen Kreuzfahrtschiffen ähnlich, nur ein wenig schöner designt. Ich denke dabei an die „Jewel of the Seas" von Royal Caribbean auf unserer ersten Kreuzfahrt.

✳✳✳

Wildlife Habitat und Regenwald

Celebrity Cruises bedankt sich dafür, dass wir den Ausflug „Moss Gorge and Rainforest Habitat" gebucht haben, das Highlight der Destination. Gleichzeitig wird darauf hingewiesen, dass diese Tour nicht für Gäste mit Vorerkrankungen geeignet ist. Bei Bedenken sollte man von der Tour Abstand nehmen. Nun, wir nahmen die Betonflächen, Schotterwege und Holzstege sowie den Weg die Schlucht hinauf in Kauf.

Zunächst ging es ins Port Douglas Wildlife Habitat, um die Tiere Australiens kennenzulernen. Das Wildlife Habitat ist ein Zoo im Regenwald, der in einzelne Zonen unterteilt ist, die man durchwandern kann.

Eleonore fütterte die freilaufenden Kängurus, während die Kinder vor Vergnügen schrien, weil sie die Tiere einmal anfassen durften. Eindrucksvoll war auch das riesige

Salzwasserkrokodil namens Goliat. Ebenso faszinierend war es, einem Koala beim Futtern zuzusehen.

Nach einer Stunde fuhr uns der Bus zur Mossman-Schlucht im ältesten ununterbrochen erhaltenen Regenwald des zum Weltkulturerbe gehörenden Daintree Rainforests. An der Basisstation stiegen wir in den Shuttlebus um, der uns zum Ausgangspunkt in der Schlucht brachte. Auf einem großen Plakat waren die verschiedenen Wege eingezeichnet, die man je nach Gehvermögen gehen könnte. Wir entschieden uns für den mittleren Weg bis zur Hängebrücke über die Schlucht. Es ging aufwärts durch den herrlichen Regenwald, wobei wir auch einige Stufen bewältigen mussten. Dann standen wir über dem tosenden Wasser. Den Rückweg nahmen wir am Fluss entlang und kamen an gut besuchten Badestellen vorbei. Bis zur Haltestelle des Shuttlebusses dauerte es eine Weile. Ab und zu hielten wir an, setzten uns auf eine Bank und betrachteten das Naturerbe.

An der Basisstation legten wir eine Mittagspause ein. Die von Aborigines betriebene Cafeteria machte einen guten Eindruck auf uns. Wir waren mit dem Essen und der Bedienung zufrieden. Eigentlich hatten wir noch eine Stunde Zeit bis zur Abfahrt, doch die Ausflugsleitung sammelte die Leute schon vorher ein. So saßen wir noch eine gute halbe Stunde im Bus, bis alle eingestiegen waren. Dumm gelaufen.

Am Nachmittag waren wir wieder auf dem Schiff. Da merkten wir, wie anstrengend der Ausflug gewesen war. Wir ruhten uns aus und verpassten dabei fast das Abendessen. Die abendliche Show im Theater hieß Broadway Cabaret und trotz unserer Müdigkeit besuchten wir sie. Wir dachten schon an den morgigen Tag, denn da stand der Rundflug über das Great Barrier Reef an.

***

Der Bumerang: Ein altes Werkzeug und eine kulturelle Ikone Queenslands

Die Geschichte des Bumerangs, eines wichtigen Werkzeugs und kulturellen Artefakts der australischen Ureinwohner, ist eng mit Queensland verbunden, insbesondere mit den Völkern der Turrbal, Jagera und Yidinji. Die Ursprünge des Bumerangs reichen Zehntausende von Jahren zurück.

Viele der ältesten Exemplare wurden in Australien gefunden. In Queensland wurden Bumerangs mit Präzision für verschiedene Zwecke hergestellt, unter anderem für die Jagd und für zeremonielle Zwecke. Die meisten waren vom „nicht zurückkehrenden" Typ, der für den geraden Flug konzipiert wurde, um Kängurus und Emus zu jagen. Dafür wurde ein aerodynamisches Design verwendet und Harthölzer wie Akazie und Mulga eingesetzt.

Die Bumerangs mit Rücklauf wurden für den Sport und die Vogeljagd hergestellt und hatten einen hohen kulturellen Wert. Mit Clan-Symbolen und Geschichten aus der Traumzeit verziert, dienten sie als Zeichen der Identität und spielten bei Zeremonien eine Rolle.

Die europäischen Siedler erkannten das einzigartige Design der Bumerangs und machten sie zu einem Symbol der australischen Kultur. Heute ist der Bumerang ein Zeugnis des indigenen Erbes, der Innovation und der Verbundenheit mit dem Land.

Airlie Beach und der Flug über das Riff

Das Great Barrier Reef muss man gesehen haben. Es liegt vor den Stränden von Airlie Beach, einem Ferienort, der bei den Australiern besonders beliebt ist. Das weltberühmte Riff zieht sich von dort aus hunderte Kilometer nach Norden und ist so groß, dass es vom Mond aus zu sehen ist. Für jüngere Leute ist das Rausfahren und Schnorcheln angesagt, für ältere Menschen tut es auch ein Rundflug darüber. Auch wir entschieden uns dafür und buchten im Voraus bei einem großen Anbieter, da das Angebot der Reederei einfach überteuert war. Dafür wird man an die Hand genommen und muss sich um nichts weiter kümmern. Doch für so viel Geld mehr lohnt es sich, selbst zu organisieren, und da gab es einiges.

Bei der Buchung wollte die Firma zunächst wissen, wo wir abgeholt werden wollten. Dafür musste in Erfahrung gebracht werden, wo der Tender anlegt, denn das Schiff wird auf Reede liegen. Whitsunday Flights schlug das gut erreichbare Fährterminal als Abholpunkt vor und schickte per E-Mail Fotos von der Stelle, einschließlich des Abholfahrzeugs. Da wir dem Routenplaner von Google Maps nicht glaubten, suchten wir Unterstützung bei der Gästebetreuung. Die nette Mitarbeiterin dort half uns auf die Sprünge: Das Tenderboot legt 10 km vom Ort entfernt an. Ein Shuttlebus bringt uns dann zur Ortsmitte, die Coconut Grove heißt. Der Fährhafen und das Terminal sind gleich da. Wir bekamen alle Informationen noch einmal ausgedruckt.

Gesagt, getan: Auf dem Weg dorthin trafen wir ein deutsches Ehepaar, das ebenfalls zu den Fähren wollte. Schließlich saßen wir im gut belüfteten Terminal und unterhielten uns über unser Woher und Wohin. Sie waren mit dem Camper unterwegs und wollten einen Ausflug zu den Whitsunday Islands machen. Es ist immer wieder erstaunlich, wo man überall auf Landsleute trifft.

Wir sollten um 13:20 Uhr abgeholt werden, doch es geschah nichts. Zehn Minuten später rollte ein weißer Kleinbus heran, aber das war der falsche. Eleonore hatte bereits darin Platz genommen, doch ich rief sie wieder heraus. Nach weiteren zehn Minuten erschien endlich der ersehnte Van. Ich war gerade im Begriff, zu telefonieren. Eine halbe Stunde später erreichten wir den Flugplatz, der eigentlich ein Flughafen war, auf dem auch große Passagiermaschinen landeten. Durch eine Seitentür sahen wir die für uns bestimmte Maschine landen: ein einmotoriger Hochdecker, in den sieben Personen plus Pilot passten. Nachdem alle Fluggäste aus dem Flugzeug geklettert waren und die üblichen Fotos gemacht worden waren, durften wir das Flugfeld betreten. Dort bekamen wir ein Päckchen mit einer Schwimmweste und wurden instruiert, wie im Falle einer Notlandung auf dem Wasser zu verfahren sei.

Ich saß hinter dem Piloten, einem jungen Menschen, der nicht älter als 30 Jahre war. Meine Frau saß auf der anderen Seite neben mir. Über die Schulter des Piloten konnte ich ablesen, wie hoch und wie schnell wir flogen. Das GPS sagte mir später, wie viele Meilen es noch bis zur Landung waren. Das Flugzeug hatte übergroße Fenster, durch die man in 2.000 Fuß Höhe einen herrlichen Blick über die Landschaft bis zur Küste hatte. Höhe einen herrlichen Blick über die Landschaft bis zur Küste, alles bei leicht bewölktem Himmel. Der Flug führte dann über den berühmten Whitsunday-Strand hinaus aufs offene Meer. Über die Kopfhörer hörten wir den Piloten sagen, dass wir in zehn Minuten das Great Barrier Reef erreichen würden. Von oben sahen wir bereits, wie die Gischt an die Korallenbänke spritzte, und schließlich flogen wir in einer Höhe von etwa 200 Metern über das Riff. Das war der Augenblick, für den sich der ganze Flug gelohnt hatte. Die Maschine flog noch eine Runde und kehrte dann zurück. Nach gut einer Stunde kletterten wir aus dem Flugzeug und waren froh, wieder eine aufrechte Haltung einnehmen zu können.

Gemäß unserem Wunsch wurden wir zur Haltestelle des Shuttlebusses zurückgebracht. Auch das Tenderboot stand bereit, um uns zügig zum Schiff zu bringen. Wir waren nicht die Letzten auf dem Schiff, aber die Vorletzten. Mit wenig Lust gingen wir zum Abendessen. Wir sprachen mit unseren Nachbarn über das schöne Erlebnis, eben ein Sehnsuchtsort: das Große Barrier Riff.

***

Nicht mehr weit bis Sydney

Nach den beiden erlebnisreichen Tagen mussten wir erst einmal eine Ruhepause einlegen. Das konnten wir am besten bei den Abendveranstaltungen im Theater. Es gab jeden Tag zwei Vorstellungen, eine um 19 Uhr und eine um 21 Uhr. Wir nahmen stets die erste, da sie perfekt nach dem Abendessen passte. Zunächst spielte das kleine Orchester auf, dann machte die Kreuzfahrtdirektorin die Ansage. Es traten Artisten, Zauberkünstler, Comedians und Musikinterpreten auf, also eine bunte Mischung, die für jeden etwas bot. Manches hat uns besser gefallen, manches weniger, doch die „Singers and Dancers" waren mit ihrer Show immer klasse. Die wurden am Broadway ausgebildet, das hat man gemerkt. So vergingen die letzten beiden Schiffstage bis Sydney, doch eine Veranstaltung muss ich näher beschreiben.

Martine Showtime mit Daniel Thomson

Country Revival am Nachmittag – das passt mir und anderen meines Jahrgangs auch. Ja, das waren noch Zeiten! Es ist mehr als 50 Jahre her. Das Schiffstheater war voll von Menschen, denen die Lieder von Johnny Cash, John Denver, Joan Baez und anderen Country-Größen bestens bekannt waren. Und es war wie damals: Alle hörten begeistert zu. Country-Musik war meins. Ich habe sie immer gerne auf der Gitarre gespielt und hatte eine Skiffle-Band. Später, ich muss so um die 25 gewesen sein, wurde „Me and Bobby McGee" von Kris Kristofferson zu meinem Lieblingslied. Dann kamen das Lesen, das Studium, die Heirat, die Kinder und das berufliche Fortkommen dazwischen, schließlich der Arbeitsabschied. Erst im Rentenalter habe ich wieder Country-Musik gemacht, in einer Band als zweite Akustikgitarre und mit dem Westernbanjo. Und ich kaufte mir eine Blueridge-Gitarre, auf der ich ab und zu spiele. Während ich im Konzert saß, dachte ich über all das nach. Als das Schlussstück „The Gambler" begann, kamen mir die Erinnerungstränen. Als ich mich umschaute, sah ich, dass es anderen auch so ging. Es gab Standing Ovations für den Künstler.

Dann war der Tag der Ausschiffung gekommen, unsere Kreuzfahrt ging zu Ende. Am Abend zuvor lag die Schiffszeitung *Designed for you* in der Kabine. Diese enthielt unter anderem die folgenden Hinweise, die ich übersetzt wiedergebe:

A MESSAGE FROMTHE CAPTAIN

Kapitän Theo und die gesamte Besatzung möchten Ihnen dafür danken, dass Sie Ihren Kreuzfahrturlaub mit uns verbringen. Es war uns ein Vergnügen, Ihnen während dieser 2688 Seemeilen langen Reise zu dienen. Wir freuen uns darauf, Sie bald wieder an Bord eines unserer Celebrity Cruises®-Schiffe begrüßen zu dürfen.

BEVOR SIE GEHEN SEAPASS® BEZAHLUNG

Gästen, die ihr SeaPass®-Konto mit Bargeld auffüllen, wird dringend empfohlen, dies eine Nacht vorher zu tun, und zwar bis spätestens 8:00 Uhr am Morgen der Abfahrt. Konten, auf denen Kreditkarten hinterlegt sind, werden zu Ihrem Komfort automatisch bearbeitet, und Sie müssen nicht auschecken.

AM ABEND VOR DER ABREISE

Bitte entfernen Sie alle alten Anhänger von Ihrem Gepäck, mit Ausnahme Ihres Personalausweises. Bringen Sie an jedem Gepäckstück den Ihnen zugewiesenen nummerierten Gepäckanhänger an. Stellen Sie Ihr Gepäck von 18:00 bis 22:00 Uhr außerhalb Ihrer Kabine ab, es sei denn, Sie nehmen an unserer Self-Assist Express Departure teil und reisen mit Ihrem eigenen Gepäck ab. Packen Sie Ihre SeaPass®-Karte, Flugtickets, Reisepass oder Staatsbürgerschaftsnachweis, Medikamente und Kleidung für den nächsten Tag nicht ein. Bitte verlassen Sie Ihre Kabine bis spätestens 7:30 Uhr.

***

Herbstliches Sydney

Es schien, als wäre hier der Herbst eingekehrt. Wenn ich aus dem Fenster unseres Hotelzimmers schaue, sehe ich den Baum davor mit wenigen Blättern. Nun sitze ich hier und denke über unsere Ankunft in Sydney nach, weil ich darüber schreiben möchte.

Wir mussten das Kreuzfahrtschiff um 7:30 Uhr verlassen. Zuvor haben wir auf dem Balkon gefrühstückt und dabei das berühmte Opernhaus bewundert. Die Kofferanhänger für das Wiederfinden hatten die Nummer 1, sodass wir ziemlich die Ersten waren, die ihre Koffer aus der großen Abstellhalle des Terminals zogen. Das hatten wir schon einmal anders. Damals hatten sich Amerikaner meinen Koffer geschnappt und waren los. Sie merkten ihren Irrtum später und nach zwei Stunden hatte ich den Koffer wieder. Seitdem bekommt er ein blaues Band. Wir drückten der Immigration-Beamtin die Einreisekarte in die Hand, und auch das mit dem Taxi zum Hotel klappte prima: Mit dem Aufzug ging es zum Taxistand. Der ältere Taxifahrer lud die Koffer ein, und eine halbe Stunde später lud er sie vor dem Hotel in der Innenstadt aus. Bezahlt wurde mit der Kreditkarte.

Da unser Zimmer erst um 14:00 Uhr bezugsfertig war, haben wir unsere Koffer im Hotel abgestellt. Wir schnappten uns einen Stadtplan und ließen uns von der jungen Rezeptionistin erklären, wie wir zum Circular Quay gelangen könnten. Sie sagte, wir sollten die Straße hochgehen, dann links abbiegen und in der zweiten Querstraße mit der Tram L2 oder

L3 bis zur Endhaltestelle fahren. Am Circular Quay gehen die Fähren in alle Richtungen. Eleonore wollte die Harbour Bridge einmal von der anderen Seite sehen. Also nahmen wir die Fähre in Richtung Darling Harbour. Zuvor besorgten wir uns jedoch eine Opal-Card. Das ist eine wiederaufladbare Chipkarte, die für alle öffentlichen Verkehrsmittel gilt. Gleich hinter der Brücke stiegen wir aus, liefen unter ihr hindurch und erreichten den „City Lookout from Milson Point", von wo aus wir einen grandiosen Blick auf die „Circular Bay" hatten. Eine Gedenktafel erinnerte an die Geschichte der SMS Emden, die in australischen Gewässern versenkt wurde. Mit der nächsten Fähre fuhren wir bis zum Maritim Museum, wo wir die Replik der HMS Endeavour von James Cook bewundern konnten.

Von dort aus fuhren wir mit der Tram zum Hauptbahnhof. Am Hauptbahnhof hat uns ein freundlicher Mensch bei der Planung unserer Bahnfahrt in die Blue Mountains geholfen. Das beliebte Ausflugsziel der Sydneysider wollten wir am nächsten Tag besuchen. Nun war es fast Mittag und wir bekamen Hunger. Eleonore fand, dass der Paddy's Market der geeignete Ort dafür sei. Nur zwei Stationen mit der Tram, dann waren wir in der riesigen

alten Markthalle. Ich nahm den köstlichen vietnamesischen Pho-Nudeleintopf, Eleonore die chinesischen Teigtaschen. Gut gesättigt machten wir uns auf den Weg zurück zum Hotel. Unser Zimmer war nun fertig, und wir holten unsere Koffer aus dem Abstellraum. Im Zimmer legten wir eine lange Mittagspause ein.

Für den Abend entdeckten wir ein uriges Steak- und Burger-Lokal. Besonders die Aussicht auf die australischen Biere machte uns an. Wir wurden nicht enttäuscht: Wir bestellten das Standardessen, Fish & Chips und einen Cheeseburger, die beide im Mittwochangebot waren. Dazu gab es ein irisches Kilkenny und ein australisches Bitter in original irischer Pub-Atmosphäre. Dazwischen habe ich meine E-Mails gecheckt. Neben der Kreuzfahrtabrechnung sollte ich die Kreuzfahrt bewerten. Ich habe Folgendes geschrieben: Es war eine schöne Kreuzfahrt, um nach Sydney zu kommen, mit vielen Seetagen und wenigen Hafenanläufen. Bali war etwas ganz Besonderes, Darwin nicht, dafür waren die Orte am Riff und die Ausflüge etwas, das man lange im Gedächtnis behalten wird. Die besuchten Vorträge waren gut, die Abendvorstellungen waren zu laut und boten wenig Abwechslung. Die junge Frau vom Room-Service war großartig, die Restaurantbedienung gab sich alle Mühe, das durchschnittliche Essen als exzellent zu verkaufen. Wir fanden das Schiff selbst recht unübersichtlich konzipiert und die 4-Sterne-Plus-Bewertung kaum noch angemessen.

Ausflug in die Blue Mountains

Der Zug um 9 Uhr sollte uns zu unserem Ausflugsziel, den beliebten Blue Mountains westlich von Sydney, bringen. Wir waren rechtzeitig am Bahnhof Sydney Central, der etwa 10 Minuten Fußweg vom Hotel entfernt ist, und erwischten einen früheren Zug. Nur die ersten vier Wagen fuhren zum Ausflugsziel. In den letzten davon stiegen wir ein und nahmen auf dem Oberdeck Platz. Dann ging es zwei Stunden lang peu à peu in die Berge, durch Sydneys Vororte immer weiter westlich. Die kleinen Bahnhöfe erinnerten an alpenländische Orte. An einem Ort mit dem seltsamen Namen Katoomba stiegen wir aus und nahmen, wie empfohlen, den Hop-on-Hop-off-Bus. Die Schalterdame gab durch, dass der Bus noch auf uns warten sollte. Der Bus hat 26 Haltestellen. An der sechsten stiegen wir aus und bestaunten die Hauptattraktion der Blue Mountains: die Three Sisters, eine Felsformation am

Rande eines weiten Tals. Von dort aus hat man einen tollen Blick auf die gesamte bewaldete Gegend bis zu den blauen Bergen in der Ferne. Einen weiteren interessanten Punkt ließen wir aus. Da gibt es einen Lift in die Höhe und eine Standseilbahn in den Talgrund – alles zu kommerziell. Wir ließen uns lieber auf dem Oberdeck durch die Gegend kutschieren, bis die Tour zu Ende war. Leider reichte die Zeit für einen Imbiss nicht mehr, sonst hätten wir den nächsten Zug zurück nicht bekommen. Das hätte ich bald vergessen. Eleonore erstand noch zwei Koalabären aus Plüsch aus heimischer Produktion für unsere Enkel.

Abends in The Rocks

Die Rocks am westlichen Ende des Circular Quay sind der älteste Teil Sydneys. Hier wurden Ende des 18. Jahrhunderts die ersten festen Bauten von Deportierten errichtet. Die alten Gebäude sollten abgerissen werden, doch dank der Proteste der Bauarbeitergewerkschaft stehen sie noch heute. Heute ist die Gegend ein Anziehungspunkt für Touristen aus aller Welt – kein Wunder, denn die Lage am Circular Quay ist einfach toll.

Das wollten wir uns nicht entgehen lassen und zogen abends noch einmal los. Von den Fähranlegern aus liefen wir immer den Quay entlang und ließen die Skyline der Innenstadt mit ihren Lichtern hinter uns. Am Kreuzfahrtterminal vorbei sahen wir die ersten gehobenen Restaurants. Auf der Rückseite trafen wir auf die Lokale, die wir suchten. Alle hatten eine vollbesetzte Außengastronomie. In einem, das unseren Vorstellungen entsprach, fanden wir noch einen Platz. Es gab ein ordentliches Steak und ebenso ordentlich zubereiteten Fisch, dazu heimisches Lagerbier und Cidre in einem netten Ambiente. Ein paar Schritte weiter entdeckte Eleonore ein deutsches Lokal, das großen Zuspruch fand. Aber deutsches Essen haben wir auch zu Hause, deswegen muss man nicht nach Australien.

Satt und zufrieden fanden wir den Weg ins Hotel zurück. Der Reiseführer hatte nicht zu viel versprochen.

***

Abschied von Sydney

Am letzten Tag in Sydney standen das ANZAC Memorial, das Australische Museum, die St. Paul's Kathedrale und die Hyde-Park-Barracks auf dem Programm. Wir hatten noch einen guten halben Tag dafür Zeit, später ging unser Flug nach Adelaide. Wir frühstückten im Hotel, wobei das Café um die Ecke besser gewesen wäre, aber das hatten wir zu spät entdeckt. Am Nebentisch saßen Landsleute, die, wie sich herausstellte, auf dem Weg nach Cairns waren; sie hatten dort Verwandte. Danach waren Kofferpacken und Auschecken dran. Draußen schien die Sonne schon verdächtig heiß und wir wollten die besagte Runde drehen. Auch ein Zug zum Flug kam infrage, also erkundigten wir uns an der Metrostation. Es war jedoch weder zeitlich noch preislich vorteilhaft, also entschieden wir uns für ein Taxi. Obwohl die Metrostation „Museum" hieß, war es noch ein ganzes Stück bis zum Australischen Museum zu laufen.

Gleich neben der Metrostation am südlichen Ende des Hyde Parks steht das ANZAC-Memorial, ein riesiges Kriegerdenkmal, das dem Völkerschlachtdenkmal in Leipzig ähnelt. Es ist den gefallenen Soldaten in beiden Weltkriegen gewidmet, wobei Gallipoli das Stichwort ist. Im Anhang findet ihr die deutsche Übersetzung des Lieds „And the Band Played Waltzing Matilda", in dem es um einen Mann geht, der in den Krieg ziehen muss und als Krüppel zurückkommt. Das Memorial beherbergt die Ewige Flamme und in der Krypta den Engel der Gefallenen. ANZAC steht für Australian and New Zealand Army Corps.

Weiter durch den Park, im Schatten der alten Bäume, erreichten wir das Australische Museum, das gerade öffnete. Das Museum ist ein moderner Bau mit riesigen Sammlungen, deren Besichtigung mehrere Tage in Anspruch nehmen kann. Eleonore besuchte die Mineraliensammlung und wir gemeinsam die drei Galerien, die mit der Flora und Fauna Australiens bestückt sind. Natürlich besichtigten wir auch die riesigen Dinosaurierskelette und die Replik eines T-Rex nach der Meteoritenkatastrophe, die sehr anschaulich in Originalgröße präsentiert wurden. Von der Terrasse aus sahen wir bereits unser nächstes Besichtigungsziel: die St.-Paul's-Kathedrale. Wenn man den Park entlanggeht, gelangt man zu ihr. Die Kathedrale sieht aus wie eine mittelalterliche englische Kathedrale, nur die Regimentsfahnen fehlten. In ihrem Inneren war es kühl, sodass wir uns eine Weile aufhielten.

Am nördlichen Ende des Hyde Parks steht mit den Baracken ein Stück australische Geschichte. Wir haben sie aber nicht gleich gefunden, weil wir falsch herum gegangen sind. Erst durch einen Weg durch das Sydney Hospital und nach erneutem Fragen standen wir davor. Der Eintritt in die Hyde Park Barracks ist frei und es gibt ein Audiogerät auf Deutsch, das einen von Punkt zu Punkt führt.

In den Baracken wurden die aus England deportierten Strafgefangenen untergebracht. Insgesamt sollen 125.000 Menschen gewesen sein, die ihre Strafe bei Arbeit verbüßen mussten. Zunächst wurden die Unterkünfte angelegt, dann der heutige Hyde Park. All das wird einem über Kopfhörer erzählt. In den Baracken selbst wird in Displays das Leben der Convicts dargestellt: wie sie schuften mussten und wie sie für Vergehen bestraft wurden. 1848 war damit Schluss: Die Baracken wurden in eine Anlaufstelle und ein Heim für ankommende Mädchen und Frauen aus den Problemgebieten Europas umgewandelt. Seit 1898 existieren die Hyde Park Barracks als Museum. Ich fand die Ausstellung sehr berührend und etwas anders als das übliche Sightseeing.

Nun wurde es auch Zeit, zum Flughafen zu fahren. Das Taxi brachte uns zum richtigen Terminal des riesigen Flughafens. Beim Aufgeben der Koffer waren wir eine Stunde zu früh dran, doch die Bordkarten hatten wir schon bekommen. Nach etwas Geduld beim Einchecken, dem Einsteigen in den Flieger und ab ging's nach Adelaide. Ade Sydney, du hast uns gut gefallen.

***

Die Tage in Adelaide

Mit dem Billigflieger kamen wir abends im Dunkeln an. Ein freundlicher Taxifahrer brachte uns zum Hotel. Am nächsten Tag nach meinem Frühstück im Hotel sind wir losgezogen. Eleonore wollte keins, sie wollte später einen „vernünftigen" Kaffee haben. Im Hotel gab man uns einen Straßenplan mit einem Maßstab, der verführte, zu glauben, alles läge um die Ecke, dem war jedoch nicht so. Nach einem strammen Fußmarsch erreichten wir das Touristenbüro, welches an diesem Samstag leider geschlossen war. Im Aushang befand sich jedoch freundlicherweise ein besserer Stadtplan. Da wir nun keine Auskunft mehr bekamen, sahen wir im Reiseführer nach, was wir machen könnten. Zwei Dinge wurden empfohlen: die Alte Markthalle (Central Market) zu besuchen und mit der Straßenbahn in den beliebten Strandvorort Glenelg zu fahren.

Ein paar Straßen vom Victoria Square entfernt fanden wir die besagte Markthalle. Sie war riesig und es herrschte reger Samstagmorgenbetrieb. Trotzdem bekam Eleonore den gewünschten Kaffee und einen Sitzplatz dazu. Nach ein paar Runden im Linksverkehr hielten wir an einem Weinstand, an dem Eleonore ein längeres Beratungsgespräch führte, das zum Kauf eines regionalen Weins führte. Die Flasche schleppte sie die ganze Zeit mit, bis sie schließlich im Koffer verschwand. Was lag näher, als einmal den ansässigen Wein zu probieren? Wir gönnten uns an diesem Vormittag einen Roséwein und einen Weißwein.

Danach gingen wir zum Victoria Square zurück, um zur Straßenbahnhaltestelle zu gelangen. Wir hätten fragen sollen, wie der Fahrpreis zu entrichten ist. Mussten wir eine Chipkarte kaufen? Nein, wir mussten lediglich unsere Kreditkarte auf das Display legen. Nach einer guten halben Stunde waren wir in Glenelg, das wirklich beliebt und belebt war. Die Straßenbahn fuhr fast bis an den Strand. Keine 100 Meter weiter war man mit den Füßen im Wasser. Das Wetter lud zu Badefreuden ein, allerdings nicht für uns, sondern für die anderen. Wir gingen den Pier bis zu seinem Ende. Links und rechts platschte es nur so im Meer. Dann wurde es Zeit für das Mittagessen. Wir stellten uns ein angesagtes Fischlokal vor und nicht eine der zahlreichen Fish-&-Chips-Buden. Auf der Hauptstraße fanden wir ein Lokal, das solide aussah, aber unsolide Preise hatte. Die Auswahl an Fischgerichten war gut, die Wartezeit darauf jedoch nicht. Trost spendete die Weinkarte, die nichts zu wünschen übrig ließ. Wir kosteten die einheimischen Weine. Gesättigt ging es mit der Tram zurück, während wir bereits Überlegungen für den Abend anstellten. Es durfte nicht zu spät werden, denn am nächsten Morgen wollten wir mit dem Zug nach Melbourne.

Am Abend sind wir noch einmal in Richtung Hauptbahnhof und Fluss spaziert. Dort trafen wir auf das gesamte Adelaide in Festivalstimmung. Ganze Horden zogen über die Brücke zum Stadion Barbarossa. Dort trafen wohl zwei bekannte Rugby-Mannschaften in den Australien Open aufeinander. Ich vermute, das waren die Gold Coast Suns vs. North Melbourne. Schon in der Bahnhofshalle war die Stimmung riesig. Außerdem fand in Adelaide das Multikulturelle Eid-Festival statt, ein wohl überragendes Ereignis, welches die Hotelpreise in die Höhe treibt. Am Fluss angekommen, betrachteten wir den schönen Sonnenuntergang, begleitet von vielen Menschen. Dann traten wir aber den Rückzug aus dem Gewühle an. Nicht weit von unserem Hotel gab es eine Pizzeria für den gehobenen Bedarf. Die georderten Steinofenpizzen waren beträchtlich groß. Anschließend machten wir uns sehr träge ans Kofferpacken und Weckerstellen.

Mit The Overland durch South Australia und Victoria

„The Overland" war die erste Intercity-Verbindung in Australien und verbindet die Städte Adelaide in South Australia mit Melbourne in Victoria. Heutzutage ist sie eine Touristenstrecke, von denen es auf dem Kontinent noch längere gibt. Wir sind nach Adelaide geflogen und an einem Sonntag ging es los.

Da der Zug kurz vor 8 Uhr abfuhr, klingelte um 6 Uhr der Wecker. Eine halbe Stunde später standen wir bereit für das Taxi zum Bahnhof. Um eins zu bekommen, hatte das Hotel eine seltsame Einrichtung: Man musste ein kleines Display zweimal drücken und einmal bestätigen und natürlich die Uhrzeit und den Tag eingeben. Mit Bangen warteten wir auf das Taxi, denn wir trauten der Sache nicht. Tatsächlich, es funktionierte. Der Fahrer wusste Bescheid und lieferte uns samt Reisegepäck am Bahnhof ab. Dort verlief alles wie auf einem Flughafen: Kofferaufgabe, Boardingcard, Warten auf das Einsteigen. Bis unsere Wagennummer ausgerufen wurde, war noch Zeit. Die Möglichkeit, einen Kaffee zu bekommen, gab es im Warteraum nicht. Dafür machte der mobile Caféstand vor dem Bahnhof gute Geschäfte.

Wir hatten die Kategorie „Red Premium" gebucht, das heißt 1. Klasse mit Verpflegung, dazu bequeme Sessel mit weitem Sitzabstand und zusätzlich einen Fußhocker. Der Wagen war mit Panoramafenstern ausgestattet, durch die man die vorbeiziehende Landschaft genießen konnte. Zunächst fuhren wir durchs Bergland, dann durch weite Ebenen mit Farmland und schließlich tauchte der Zug in den Moloch der Großstadt Melbourne ein. Während der Zugfahrt wurden wir à la carte verköstigt. Es gab Frühstück, Mittagessen mit Nachtisch und Nachmittagskaffee mit Torte. Auffällig waren die vielen gehbehinderten Menschen, die gebracht und während der Fahrt betreut werden mussten. Eine Dame auf dem Einzelplatz gehörte dazu, war aber ganz klar im Kopf. Sie sprach uns an und sagte, dass sie Deutsch versteht. Irgendwie rührend.

Nach gut acht Stunden und einer Zeitverschiebung von einer halben Stunde zwischen den Bundesstaaten kamen wir reichlich müde vom Nichtstun am Südbahnhof von Melbourne an. Unsere Koffer fanden wir vor dem Gepäckwagen. Mit diesen zottelten wir los, um ein Taxi zu finden. Vergebens warteten wir an der falschen Stelle. Dann kam der gnädige Hinweis, dass sich der Taxistand 200 Meter weiter befände. Ich hatte das Hotel in Bahnhofsnähe vermutet, doch es war zwei Blocks weiter, schwer zu finden und zu weit zu laufen, aber zu kurz für eine Taxifahrt. Mit einem Hundeblick überzeugte ich den Taxifahrer, uns doch hinzufahren. Das Hotel steckte mitten in einem Hochhauskomplex mit eigener Zufahrt. Wir bekamen ein Zimmer im 16. Stock. Um uns herum standen doppelt so hohe Gebäude, die wohl Banken oder Versicherungen gehörten. Auf die abendliche Runde verzichteten wir, wir waren einfach zu platt.

***

Ein Tag in Melbourne

Der Tag begann mit einem anständigen englischen Frühstück, während Eleonore sich mit einem Croissant und einem Cappuccino begnügte. Danach begaben wir uns zur Haltestelle der historischen Straßenbahn, die im Kreis um die Innenstadt von Melbourne fährt – immer im Uhrzeigersinn und kostenlos wie alle Verkehrsmittel im Stadtzentrum. Endlich kam eine der alten Trams und wir fuhren in Richtung Federation Square am Yarra-Fluss. Dort erwartete uns ein Trubel von Menschen, denn der Platz ist einer der Hauptanziehungspunkte: der schöne

Bahnhof in der Flinders Street, schräg gegenüber die St.-Paul's-Kathedrale und die Hauptstraße entlang zur Einkaufsmeile. Wo fängt man da an? Wir stiegen zuerst zum Flussufer hinab. In der Außengastronomie genehmigte ich mir ein Bier. Von einer Flussschifffahrt nahmen wir Abstand, nicht aber von einem kleinen Einkaufsbummel. Am Touristenstand erkundigten wir uns, wo es einen Bücherladen gibt. Eleonore wollte für unsere Enkelin ein Buch über australische Tiere kaufen. Man half uns weiter, und wir fanden den Laden, wie beschrieben, und auch das entsprechende Buch. Auf dem Rückweg besuchten wir St. Paul's, eine Kirche, die einer riesigen englischen Kathedrale nachempfunden ist. Dort konnte man Spenden per Kartenzahlung entrichten.

Langsam wurde es Mittag, aber wir hatten noch keinen Hunger. Also fuhren wir mit der kostenlosen Straßenbahn um die Ecke zum Old Treasury Building, das heute ein Geschichtsmuseum ist. In den alten Räumen wird die Entwicklung der Stadt und des Staates Victoria vom Goldrausch bis heute gezeigt. Eine nette ältere Dame zeigte uns den Weg durch die Ausstellung. Es lohnt sich, mal reinzugehen, denn es ist kühl und man lernt etwas dazu. Das Mittagessen hatten wir inzwischen vergessen. Dafür probierten wir zwei neue Straßenbahnlinien aus. Anschließend waren wir reif für die Mittagspause.

Leider ruhten wir uns zu lange aus, sodass eine abendliche Runde mit dem City Circle sowie der empfehlenswerte kleine Ausflug nach St. Kilda an der Bay nicht mehr infrage kamen. Um dorthin zu gelangen, muss man eine Art Bahnkarte erwerben, was wir nicht mehr wollten. Wir ließen uns auf einen Besuch im Melbourne Center ein, einer angesagten Shoppingmall. Abgeschreckt von den Touristenmassen aus Asien kämpften wir uns zum Hotel zurück und fanden gleich daneben ein chinesisches Nudelrestaurant. Bei den frisch zubereiteten Nudeln schlugen wir zu, zusammen mit zwei Bieren aus Tsingtao.

***

Weg von Australien

Gegen Mittag ging der Flug zurück nach Singapur, also um 9 Uhr los mit viel Zeit, um über Australien zu resümieren. Fangen wir bei den Großstädten an. Wenn mich jemand fragt, welche mir von diesen am besten gefallen hat, so würde ich Sydney sagen, auch wenn wir nur in den Innenstädten waren, von Adelaide mal abgesehen. Diese fanden wir sehr flächig mit einem Hochhauskomplex um den Bahnhof herum. Wir mussten immer weit laufen. Schön war es in der alten Markthalle und im Vorstadt-Badeort Glenelg. Hätte der Zug „The Overland" nicht von dort abgefahren, hätten wir die Stadt nicht besucht. Obwohl wir wissen, dass es in der Umgebung viel zu sehen gibt. Mit Melbourne kamen wir weniger zurecht. Die Innenstadt ist wie ein Raster bebaut und mit der Tram kommt man überall hin, doch mit der Orientierung hatten wir unsere Schwierigkeiten. Die Attraktion ist die City-Circle-Tram. Wir nahmen sie zum Geschichtsmuseum und zum Federation Square. Doch wo wir auch hinkamen, schoben sich überall Menschenmassen, was bei

5 Millionen Einwohnern und den Touristenschwärmen aus den asiatischen Ländern kaum verwundert. Es war einfach zu viel!

So, das waren die Städte. Nein, Darwin fehlt noch, aber dort haben wir nicht viel gesehen, denn es war einfach zu heiß. Die angebotenen Ausflüge zu den interessanten Gegenden hätten den ganzen Tag gedauert und waren, wenn man sie über das Schiff gebucht hat, viel zu teuer. Es bleiben noch die beiden Ferienorte Port Douglas und Airlie Beach in Queensland. Sie waren schön, und die dort gemachten Ausflüge waren einmalig, besonders der Rundflug über das Great Barrier Reef.

Beim Abschied von Australien fällt mir das Lied „Waltzing Matilda" ein, die zweite Nationalhymne Australiens. Im Lied geht es um einen Wanderburschen, der ein Schaf gestohlen hat. Um nicht gefangen genommen zu werden, sprang er in ein Wasserloch und ertrank. Bis heute ist sein Geist zu hören für jeden, der dort vorbeikommt. Ich habe dieses Lied im Ohr, als der Busfahrer am Ende der Fahrt durch die Blue Mountains die erste Strophe anstimmte, in der deutschen Übersetzung: „Komm mit mir auf die Walz mit der Matilda (der Regenmandel) im Tornister." Ja, so nehme ich Australien als Erinnerung mit und habe den weiten Weg dorthin nicht gescheut.

***

Geschafft!

Die sieben Stunden im Dreamliner der Billigfluggesellschaft waren unterschiedlich: Eleonore flog in der Business Class im gediegenen Ambiente, ich in der Economy Class, umgeben von Familien mit zahlreichen Kleinkindern und dem dazugehörigen Gepäck. Zudem wollten die Kleinen beschäftigt werden. Von Ruhe keine Spur. Ich bekam gerade einmal ein Mittagessen, meine Frau hatte die Auswahl zwischen verschiedenen Gerichten und Getränken, ich musste für meine Cola bezahlen. Irgendwie überstand ich den Flug von Melbourne nach Singapur, quer durch Australien, mit einer Flugstrecke von 6.000 km, für den Eleonore dreimal so viel gezahlt hatte.

Wenn man Singapur besuchen will, muss man eine SG Arrival Card ausfüllen. Darin muss man angeben, wer man ist, woher man kommt, was man in Singapur will, ob man gesund ist und kein Straftäter. Und das alles elektronisch. Das war vor Jahren noch anders. Das ist ein Aufwand, den nicht jeder beherrscht. Auf meinem Handy hätte ich es beinahe geschafft, doch die Immigrationssperre ließ mich nicht durch. Da muss ich wohl etwas falsch gemacht haben. Nicht weit von der Einwanderungsbehörde gibt es Geräte, mit denen man die notwendigen Eingaben tätigen kann. Eine hilfreiche Seele assistierte mir dabei. So wird einem auch mitgeteilt, dass man nach singapurischem Recht bestraft werden kann. Ein riskanter Satz, denn auf Drogenbesitz steht die Todesstrafe. Da wir aber keine Drogen-Junkies sind, ließ uns der Einreiseautomat durch.

Das Taxiwesen ist in Singapur bestens organisiert, niemand muss lange warten. Der Taxifahrer war an diesem Abend allerdings nicht zu beneiden: Es schüttete wie aus Eimern – ein richtiges Tropengewitter, das auch am Hotel nicht aufhörte. Erst mit dem geliehenen Regenschirm traute sich der Taxifahrer, unsere Koffer vor die Hoteltür zu stellen. Wir dagegen wurden pitschnass. Auch nach dem Einchecken hörte der Regen nicht auf. Wir kauften im Späti nebenan Getränke und Chips, statt noch einmal auszugehen. Und bald waren wir in den Betten.

Tropfnass durch den Botanischen Garten

Der nächste Tag hatte zunächst eine schlechte Seite: Das Frühstückspersonal hatte nicht verstanden, dass wir nur einen Kaffee und ein Croissant wollten und kein komplettes Frühstück. Nun zur guten Seite. Zum Botanischen Garten in Singapur gelangt man über zwei verschiedene Metrostationen. Wir entschieden uns für die südliche. Vor Fahrtantritt erfuhren wir vom freundlichen Stationsvorsteher, dass wir keine Metrokarte kaufen müssen, sondern einfach die Kreditkarte auf das Display der Schranke legen müssen. Das Gleiche gilt beim Verlassen. Es hat einwandfrei funktioniert.

Der Botanische Garten ist Singapurs Zierde und wirklich schön – wenn da nicht die schwülen 32 Grad wären! Die machten uns zu schaffen. Deshalb legten wir in der Gartenmitte eine Pause ein. Dort gab es Toiletten und die Möglichkeit, gekühlte Getränke zu kaufen. Dann waren es noch 1,3 Kilometer bis zum Nordausgang. Lahmen Fußes erreichten wir die Metro,

die uns zu dem ausgesuchten Food-Court bringen sollte. Nur fanden wir diesen nicht. So landeten wir auf einem Chinesenmarkt mit angeschlossener, typischer Gastronomie.

Dort kauften überwiegend Asiaten Essen zum Mitnehmen ein oder entschieden sich für ein Gericht von den verschiedenen Ständen, das sie vor Ort verzehrten. Wir aßen auch dort für wenige Singapur-Dollar. Nach ein paar Mal Umsteigen im ÖPNV waren wir völlig durchgeschwitzt in unserem runtergekühlten Hotelzimmer. Wir duschten, ruhten uns erst einmal aus und machten uns Gedanken für unseren letzten Abend in Singapur.

Wir dachten uns, dass wir am Abend noch einmal zum „Garden by the Bay" der „Marina Bay Sands" gehen, um uns das riesige, einem Schiff ähnliche Dach zu sehen, das auf drei Hoteltürmen thront. Der Garten und das Hotel sollten beleuchtet sein, aber es war noch zu früh. Also landeten wir in einer riesigen Mall mit vier Ebenen. Im Erdgeschoss gab es einen Kanal, auf dem mit kleinen Booten gegondelt wurde. In den oberen Etagen waren die Luxusgeschäfte aller bekannten Marken zu finden. In einige wurden wir hereingebeten, doch wir gingen nicht

hinein. Sahen wir etwa so kaufkräftig aus? Dann war da noch das Tea-Time-Café. Durch das Silbergedeck ließen wir uns nicht verführen. Weiter unten wurde das Volk verköstigt, es gab jede Menge SB-Lokale. Und was wie eine Eisbahn aussah, entpuppte sich als geschickt geflaschte Fläche, auf der die Kinder tobten.

Von der Terrasse aus genossen wir den Blick auf Singapur, bevor wir uns auf den Weg in den Garten machten. Leider war dieser noch nicht illuminiert. Wir gingen noch ein Stück am Fluss entlang bis zur Metrostation und fuhren bis Clarke Quay, dem alten Flusshafen in der Nähe unseres Hotels. Dort fanden wir ein spanisches Restaurant namens Cuba Libre Open Air direkt am Fluss. Es gab spanische Gerichte und weil es Happy Hour war, auch erschwingliche Getränke. Interessanterweise traf sich hier ein europäisch aussehendes Publikum. Auf dem Weg zum Hotel spendierten wir einem Straßenmusiker, der Melodien aus den 70ern spielte, unser Münzgeld. Danach war Kofferpacken für den Heimweg angesagt, denn am nächsten Morgen würden wir einen langen Flug haben.

***

Abflug

Am Abflugtag standen wir mit gepackten Koffern vor dem Hotel und warteten auf das Taxi zum internationalen Flughafen Changi. Keine fünf Minuten später war das Taxi da und wir fuhren los. Nach nicht einmal einer halben Stunde waren wir am Terminal 3 des Flughafens. Unser letztes Bargeld reichte für das Taxi aus. Das Einchecken und das

Aufgeben der Koffer verliefen reibungslos, auch der Ausreiseautomat bereitete keine Probleme. Dafür musste unser Handgepäck durch die Drogenkontrolle, die wir fälschlicherweise für den Sicherheitscheck hielten.

Danach war ein kleines Frühstück mit Zimtschnecke und Cappuccino dran. Dann bemerkten wir in einem Becken neben uns, dass dieses mit großen Koi-Karfen besetzt war, jeder Fisch wohl ein Vermögen wert. Die Kois durften nicht gefüttert werden, aber man konnte sie anfassen. Ein bisschen weiter konnte man einen wunderschön angelegten Schmetterlingsgarten betreten. Darin saßen viele Falter, einige auf den ausgelegten Ananasscheiben. Wir fanden, dass sich die Zeit damit gut vertreiben lässt.

Unser Flug nach Frankfurt war ursprünglich vom Gate B7 geplant, doch eine freundliche Angestellte von Singapore Airlines schickte uns und alle anderen Wartenden zum Flugsteig A10. Dieser war in einem 15-minütigen Fußmarsch zu erreichen. So verging die Zeit bis zum Boarding. Zuvor wurden wir gescannt und unser Handgepäck durchleuchtet. In den großen Airbus ging es gruppenweise hinein, zuerst die Passagiere der Premium Economy und der höheren Klassen. So traf ich meine Frau schon an ihrem Platz an. Im Gegensatz zum Hinflug war der A380 proppenvoll. Hoffentlich ist irgendwo ein ruhiges Plätzchen frei, dachte ich.

Während des langen Flugs macht man sich so seine Gedanken über die weite Reise. Wir waren nun 24 Tage unterwegs, nicht ans Ende der Welt – das waren wir schon –, aber nach Down Under, und das ist ja auch nicht gerade um die Ecke. Insgesamt legten wir 11.000 km mit dem Schiff, 3.500 km auf dem Schiff, 400 km regional, 1.300 km mit dem Inlandsflug, 800 km mit dem Zug, 6.000 km zurück nach Singapur und 30 km zu Fuß zurück. Nach Hause waren es nochmal 11.000 km. Dazu kommen noch 220 km für den Zug zum Flug und zurück. Bei diesen Zahlen fragt man sich, ob man über 30.000 km zurücklegen muss, um seine Reiselust auszuleben. Selbst mit einem Zehntel dieser Strecke wäre man in Europa weit gekommen, zum Beispiel nach Madrid. Aber manche Orte sind nur so zu erreichen und einmalig anzusehen, sozusagen der große Schluck aus der Pulle.

Eins ist mir aufgefallen: Bei dieser Art zu reisen muss man „auf Zack" bleiben – sieht man von den 30 Kilometern Lauferei ab. Es nimmt einem niemand die Hand, und auf das Alter kann man nicht pochen. Man vergisst einfach seine Beschwerden. Die Termine müssen eingehalten werden, sonst verpasst man den Flieger, das Schiff oder die Bahn. Man könnte auch sagen: Nur so bleibt man jung. Das ist ein durchaus positiver Aspekt des Reisens. Man kann sein Geld natürlich auch anders ausgeben: das Haus abbezahlen, ein schönes Auto kaufen, für die Enkel sparen und so weiter. Jeder hat schließlich seine eigenen Prioritäten. Wir haben unsere Prioritäten beim Reisen, den ganz weiten, und die waren meistens schön.

* * *

Epilog

Der A380-800 landete nach einem gut 12-stündigen Flug pünktlich im Frankfurter Flughafen. Nach der üblichen Lauferei durch die Einreise und dem Kofferabholen erreichten wir endlich den Regionalbahnhof. Dessen Zustand unterschied sich erheblich von dem der Bahnhöfe, die wir auf unserer Reise vorfanden: Er war grau, nicht gerade sauber und es gab wenig Informationen. Ankommende Ausländer fragten uns, wie sie wohl weiterkommen, hilflos, fast wie wir selbst. Wir hatten den Regionalexpress um 19:38 Uhr eingeplant. Die betreffende Aussage war nicht gut: Der Zug fuhr nur bis Mainz statt bis Koblenz, wo wir unseren Anschlusszug bekommen hätten. Zudem wurde eine Verspätung von 15 Minuten erwartet. Den raschen Anschlusszug konnten wir uns also abschminken. Nun wussten wir, dass wir in Deutschland angekommen waren und mit einem seiner großen Probleme konfrontiert wurden: die Sanierung des Schienennetzes wurde lange Zeit verschoben.

Ingendwann standen wir am Gleis 3 in Neuwied, nach einem gefühlten halben Kilometer von den getrennten Gleisen der Via Regiobahn, unsere Koffer hinter uns herziehend. Es war ein leichter Reigen bei unter 10

Grad am späten Abend. Ein Segen, dass die Bahn nach Linz 10 Minuten früher ankam, bis zur Abfahrtszeit wartete und uns nach ereignislosen 19 Minuten in unserer rheinischen Kleinstadt aussteigen. Noch zwei Kilometer mit dem Auto, dann begrüßte uns unser Kater freudig. Der Kater bekam eine Extraportion, dann gingen wir in die Betten unserer vielleicht letzten großen Reise, die sehr erlebnisreich war.

Blick von der Fähre in Sydney auf die Celebrity Solstice

Anhang

Und die Band spielte Waltzing Matilda

Als ich ein junger Mann war, trug ich meinen Rucksack
Und ich lebte das freie Leben eines Vagabunden
Vom grünen Becken des Murray zum staubigen Outback
Ich tanzte mit meiner Matilda überall Walzer

Dann, 1915, sagte mein Land, Sohn
Es ist Zeit, dass du aufhörst zu wandern, es gibt Arbeit zu tun
Also gaben sie mir einen Blechhut und ein Gewehr
Und sie ließen mich in den Krieg ziehen

Und die Kapelle spielte Waltzing Matilda
Als das Schiff vom Kai ablegte
Und inmitten all der Tränen, Fahnenschwenken und Jubel
Segelten wir los nach Gallipoli

 Und wie gut erinnere ich mich an diesen schrecklichen Tag
 Als unser Blut den Sand und das Wasser befleckte
 Und wie in dieser Hölle, die sie Suvla Bay nennen
Wir wurden geschlachtet wie Lämmer auf der Schlachtbank

Johnny Turk, er war bereit, er hatte sich gut vorbereitet
Er ließ Kugeln auf uns regnen, und er überschüttete uns mit Granaten
Und in nur fünf Minuten hat er uns alle in die Hölle gejagt
Blies uns fast zurück nach Australien

Und die Band spielte Waltzing Matilda
Als wir anhielten, um unsere Gefallenen zu begraben
Wir begruben die unseren, und die Türken begruben die ihren
Dann fingen wir wieder von vorne an

Und die, die übrigblieben, nun, wir versuchten zu überleben
In dieser verrückten Welt aus Blut, Tod und Feuer

Und zehn müde Wochen lang hielt ich mich am Leben
Während sich um mich herum die Leichen türmten

Dann schlug mir eine große türkische Granate den Arsch auf den Kopf
Und als ich in meinem Krankenhausbett aufwachte
und sah, was sie angerichtet hatte, wünschte ich, ich wäre tot
Ich wusste nie, dass es Schlimmeres gibt als den Tod

Also werde ich nie mehr Matilda tanzen
Rund um den grünen Busch weit und nah
Um Zelt und Heringe zu schlagen, braucht ein Mann beide Beine
Nie mehr Waltzing Matilda für mich

So sammelten sie die Verwundeten, die Krüppel, die Verstümmelten
Und sie schickten uns zurück nach Australien
Die Armlosen, die Beinlosen, die Blinden, die Verrückten
Diese stolzen verwundeten Helden von Suvla

Und als das Schiff in den Circular Quay einlief
schaute ich auf die Stelle, wo meine Beine einst waren
Und dankte Gott, dass dort niemand auf mich wartete
Zu trauern und zu beklagen und zu bemitleiden

Und die Band spielte Waltzing Matilda
Als sie uns die Gangway hinuntertrugen
Aber niemand jubelte, sie standen nur da und starrten
Dann drehten sie alle ihre Gesichter weg

So sitze ich jetzt jeden April auf meiner Veranda
Und sehe die Parade vor mir vorüberziehen
Ich sehe meine alten Kameraden, wie stolz sie marschieren
Wie sie alte Träume von vergangenem Ruhm erneuern

Und die alten Männer marschieren langsam, alle Knochen steif und wund
Sie sind müde alte Helden aus einem vergessenen Krieg
Und die jungen Leute fragen: „Wozu marschieren sie?"
Und ich stelle mir die gleiche Frage

Und die Band spielt Waltzing Matilda…

I Am Australian

Ich kam aus der Traumzeit, Aus den staubigen Ebenen mit roter Erde

Ich bin das alte Herz, der Hüter der Flamme

Ich stand an den felsigen Ufern, ich sah die großen Schiffe kommen.

Seit vierzigtausend Jahren bin ich, der erste Australier.

Ich kam auf das Gefängnisschiff, von eisernen Ketten niedergebeugt

Ich kämpfte mit dem Land, ertrug die Peitsche, und wartete auf den Regen

Ich bin ein Siedler, ich bin die Frau eines Farmers, auf einem trockenen und unfruchtbaren Landstrich,

Ein Sträfling, dann ein freier Mann, ich wurde Australierin.

Ich bin die Tochter eines Goldgräbers, Der die Hauptader suchte.

Aus dem Mädchen wurde eine Frau, auf der langen und staubigen Straße.

Ich bin ein Kind der Depression, ich sah die guten Zeiten kommen,

Ich bin ein Buschmann, ich bin ein Kämpfer, ich bin Australier.

Wir sind eins, aber wir sind viele,

Und aus allen Ländern der Erde kommen wir.

Wir werden einen Traum teilen und mit einer Stimme singen,

„Ich bin, du bist, wir sind Australier"

Ich bin ein Geschichtenerzähler, ich bin ein Liedersänger,

Ich bin Albert Namatjira, und ich male das geisterhafte Zahnfleisch.

Ich bin Clancy auf seinem Pferd, Ich bin Ned Kelly auf der Flucht,

Ich bin der, der mit Matilda Walzer tanzte, ich bin Australier.

Ich bin der heiße Wind aus der Wüste, ich bin die schwarze Erde der Ebenen,

Ich bin die Berge und die Täler, ich bin die Dürre und die Regenfluten.

Ich bin der Fels, ich bin der Himmel, die Flüsse, wenn sie fließen,

Der Geist dieses großen Landes, ich bin Australien.

Wir sind eins, aber wir sind viele,

Und aus allen Ländern der Erde kommen wir.

Wir werden einen Traum teilen und mit einer Stimme singen,

„Ich bin, du bist, wir sind Australier"

WALTZING MATILDA

Einst zeltete ein lustiger Vagabund an einem Wasserloch

Im Schatten eines kühlen Baumes Eukalyptusbaum

Und er sang und wartete, bis sein (Billy) Blechdose kochte

Du wirst mit mir auf die Walz gehen, Matilda

Auf die Walz gehen, Matilda, auf die Walz gehen, Matilda

Du wirst mit mir auf die Walz gehen, Matilda

Und er sang, während er zusah und wartete, bis sein Billy kochte,

Du wirst mit mir auf die Walz gehen, Matilda

Da kam ein bockiges Schaf herunter, um am Wasserloch zu trinken

Der Vagabund sprang auf und schnappte es sich mit Freude

Und er sang, während er das Schaf in seinen Proviantbeutel steckte

Du wirst mit mir auf die Walz gehen, Matilda

Hoch ritt der Gutsbesitzer auf dem Vollblutpferd

Hoch ritten die Polizisten, eins-zwei-drei

"Wem gehört das fidele Schaf, das du da in deinen Proviantbeutel hast?"

Du kommst jetzt mit uns auf die Walz gehen, mitsamt deiner Matilda

Der Vagabund sprang auf und stürzte sich in das Wasserloch

Ihr werdet mich nicht lebend bekommen, sagte er

Und man kann seinen Geist hören, wenn man am Wasserloch vorbeikommt

Du wirst mit mir auf die Walz gehen, Matilda